BEI GRIN MACHT SICH IHR WISSEN BEZAHLT

- Wir veröffentlichen Ihre Hausarbeit, Bachelor- und Masterarbeit

- Ihr eigenes eBook und Buch - weltweit in allen wichtigen Shops

- Verdienen Sie an jedem Verkauf

Jetzt bei www.GRIN.com hochladen und kostenlos publizieren

Uta Zimmermann

Buchrezension: Thomas Nagel „Was bedeutet das alles? Eine ganz kurze Einführung in die Philosophie"

GRIN Verlag

Bibliografische Information der Deutschen Nationalbibliothek:

Die Deutsche Bibliothek verzeichnet diese Publikation in der Deutschen National-
bibliografie; detaillierte bibliografische Daten sind im Internet über http://dnb.d-
nb.de/ abrufbar.

Impressum:

Copyright © 2011 GRIN Verlag GmbH
Druck und Bindung: Books on Demand GmbH, Norderstedt Germany
ISBN: 978-3-656-61662-7

Dieses Buch bei GRIN:

http://www.grin.com/de/e-book/270331/buchrezension-thomas-nagel-was-bedeutet-
das-alles-eine-ganz-kurze-einfuehrung

Universität Rostock
Philosophische Fakultät
Institut für Philosophie
Tutorium: Disziplinen der Philosophie
WS 2010/2011
Studentin: Uta Zimmermann
Datum: 18.01.2011

Thomas Nagel: „Was bedeutet das alles? Eine ganz kurze Einführung in die Philosophie"

-

Eine Buchrezension

Das Buch von Thomas Nagel „Was bedeutet das alles? Eine ganz kurze Einführung in die Philosophie" stellt acht philosophische Themen vor, indem Diskussionspunkte erarbeitet und die Meinung des Autors dargestellt werden. Es ist im Reclam-Verlag 1990 erstmalig in Deutschland erschienen, doch auf den Buchmarkt kam es 1987 durch die Oxford University Press. Es besteht aus 104 Seiten und ist für fast drei Euro in einer Buchhandlung erhältlich. Thomas Nagel ist ein angesehener Professor in New York für Philosophie und Recht. Seine Schwerpunkte sind u.a. die politische Philosophie und die Ethik. Er ist gegen reduktionistische Ansichten über das Bewusstsein und Vertreter des metaphysischen Realismus.

In der Einleitung wird deutlich, dass es ein Buch für Menschen ist, die sich erst seit Kurzem mit Philosophie beschäftigen. Es verlangt von den Lesern die Kraft, abstrakt denken zu können und ein Interesse an theoretischen Gedankengängen. Hauptanliegen soll es nach dem Autor sein, dass allgemeine Vorstellungen in Frage gestellt werden und die Leser bewusst erfahren, dass philosophische Themen im Alltag zu finden sein können. Philosophieren wird als ausprobieren, hinterfragen, erwägen wahrgenommen und will die Beziehung Mensch- Welt genauer untersuchen. Ziel ist es ebenfalls, die Leser für solche Fragestellungen zu sensibilisieren und einzuführen, ohne berühmte Philosophen zu zitieren, aber es wird vermerkt, dass das Buch kein Ersatz für andere Werke eben dieser darstellt.

In der ersten Problematik wird genauer untersucht, woher wir etwas wissen. Ausgangspunkt ist, dass wir uns nur über das Innerste unseres Bewusstseins sicher sein können und dass wir unser Wissen nur über unsere Erfahrung, Erlebnisse, Sinneseindrücke und Gefühle und

1

Gedanken erfahren. Falls man annähme, dass die Erlebnisse aber nur ein Traum seien, so wären alle Beweise dafür, dass es eine Welt außerhalb unseres Bewusstseins existiert, auch ein von träumerischer Natur. Es wird gesagt, dass uns Dinge nur innerlich erscheinen, aber ob sie dadurch glaubhaft werden, ist unklar. Diese Aussage wird erst deutlich, wenn man die Konsequenzen gedanklich durchspielt. Da jedes Beweismaterial für eine Außenwelt durch unser Bewusstsein muss, heißt das nicht, dass dieses Material auch wahr ist. Nach Auffassung des Solipsismus existiert nur mein eigenes Bewusstsein. Das bedeutet, dass alles um mich herum reine Fiktion ist und mein Dasein nicht von anderen Menschen mit eigenem Bewusstsein umsäumt ist. Dieser Vorstellung kann ich persönlich wenig abgewinnen, da ich davon ausgehen muss, dass nichts existiert und meine Wahrnehmung eine Lüge ist und die Welt, so wie ich sie kenne, so gar nicht da ist. Die Ansichten des Skeptizismus sind dagegen nachvollziehbarer. Es besagt zusammengefasst, dass wir allein mit dem Inneren unseres Bewusstseins die Welt nicht erklären können und dass die Ursache für unsere Erlebnisse ungeklärt bleiben.

Momentan ist in meinem Philosophietutorium zu „Disziplinen der Philosophie" der Beweis zu finden, ob es Amerika wirklich gibt. Nun liefert das zu rezensierende Buch eine mögliche Beweisführung, indem gesagt wird, dass wir unsere Außenwelt nicht erklären können, da subjektive Erfahrungen und Erlebnisse nicht sicher mein Umfeld wiedergeben. Als Vertreter des Solipsismus könnte ich sogar so weit gehen, dass eine Außenwelt nicht existiert, da nur mein eigenes Bewusstsein da ist, und wenn ich Amerika nicht gesehen habe, ist es vielleicht auch gar nicht da. Die Frage bleibt also komplex: Woher wissen wir eigentlich etwas?

Ein weiteres philosophisches Themenfeld ist das Fremdpsychische. Thomas Nagel geht in diesem Kapitel weiter auf den Skeptizismus ein und fragt sich, woher ich weiß, wenn mein Freund ein Schokoladeneis isst, dass er das gleiche schmeckt wie ich? Wir müssen darauf vertrauen, dass Menschen die gleiche Geschmacks- und Farbzuordnung haben, und deswegen für alle das Schokoeis nahezu gleich schmeckt. Wenn mein Freund allerdings in eine Zitrone beißt und dabei das Gesicht verzieht, so gehe ich davon aus, dass es ein Ausdruck von der Wahrnehmung eines sauren Geschmacks auf der Zunge ist. Das bedeutet, dass es eine Verbindung zwischen Erlebnis (in eine Zitrone beißen) und der Reaktion darauf (Gesicht verziehen) gibt. Doch ein Baum kann sich bspw. nicht durch eine Reaktion äußern, wenn ihm jemand weh tut. Es ist einfach gesagt, dass er sich nicht bemerkbar machen kann, aber wir sehen keinen direkten Zusammenhang zwischen Erlebnis und eine externe

Äußerung. Was kann man mehr wissen über das Leben eines anderen Menschen, als das Vorhandensein eines Bewusstseins aufgrund der Erfahrung, dass man ein eigenes hat? Ist es denn nicht möglich, dass es weit mehr oder weit niedriger bewusstes Leben gibt? Mit diesen Fragen endet das Kapitel und ein Plus an Wissenszuwachs habe ich nicht gewonnen. Jediglich meine Gedanken wurden in neue Richtungen gelenkt, doch eine Antwort auf die Fragen bekomme ich nicht mitgeliefert. Was Vertreter des Skeptizismus sich dachten, weiß ich nun, aber was es wirklich mit dem Bewusstsein eines anderen Menschen auf sich hat, bleibt unklar. Vielleich können wir darauf keine zufriedenstellende Antwort finden.

So wird eine Überleitung zum nächsten Kapitel gefunden, von dem Fremdpsychischen zu der eigenen Psyche. Vorausgesetzt wird bei dieser Thematik nur, dass Gehirn und Bewusstsein in einer Beziehung zueinander stehen und dass das Gehirn laut den Naturwissenschaften das Bewusstsein beeinflusst, doch was hat es mit dem Geist zu tun? Ist der Geist das Gehirn oder setzt er sich aus anderen Dingen zusammen? Interessant ist es, dass, wenn wir ein Schokoladeneis essen, der Geschmack bzw. die Empfindung nicht beobachtbar sind. Die Gehirnströme, die den Geschmack von der Zunge in das Verarbeitungsgebiet des Gehirns transportieren ja, aber die Empfindung an sich bleibt unentschlüsselt. Eine Erklärungsmöglichkeit bietet Thomas Nagel, indem er den Dualismus mit einbringt. Dieser geht davon aus, dass Körper und Geist den Menschen ausmachen, verbunden mit der Seele. Beide wirken aufgrund der Seele aufeinander ein, doch beide existieren parallel. So kann der Geist das Schokoeis schmecken, durch die Seele kann der Körper es auch geschmacklich mit der Zunge wahrnehmen. Doch eine weitere Theorie ist die des Physikalismus/Materialismus, die besagt, dass psychische Zustände physikalische Zustände im Gehirn sind und dass es nur eine Frage der Zeit ist, bis die Natur des Geistes weiter erforscht und verstanden ist. Eines geht aus diesem Kapitel besonders vor, denn das Gehirn hat noch sein Geheimnis über sein Inneres behütet. Es besteht aus psychischen und physikalischen Aspekten. Diese komplexen Vernetzungen, Empfindungen und Gedankengänge können Tiere und Menschen haben, aber wer will sagen, wo und bei wem das endet?

Wie gewohnt endet das letzte Kapitel mit einer Frage, doch das folgende von der Bedeutung der Wörter beginnt sogar mit einer: Wie kommt die Schrift auf dem Papier zu seiner Bedeutung? Wörter haben eine große Bedeutung, nicht nur in Sätzen und Aussagen. Ein Wort hat bei allen dieselbe Bedeutung, es steckt immer die gleiche Begrifflichkeit dahinter. Die Idee von einem Wort und ein Wort selbst besitzen Laute, Zeichen und ein Wortgebrauch, vor allem letzteres ist bei Kommunikationspartnern gewollt gleich und verständlich. Ein Beispiel ist das Wort Buch. In einem Gespräch mit einem Freund hat der Begriff die gleiche Lautung, bei einem Schriftverkehr die gleiche Zeichenreihenfolge. Doch mit dem Wort verbindet man weitaus mehr: ein Stereotyp eines Buches in unserem Kopf, eine Art Bildlichkeit, verschiedene Bücher von verschiedenen Autoren, Genres, Bücherregale, Bücher als Kommunikations- und Unterhaltungsmittel. Dieses Phänomen der Sprache macht Verständigung überhaupt erst möglich. Sprache ist nicht nur für mich allein, sondern um sich miteinander unterhalten zu können. Das Wort Buch hat eine universelle Bedeutung und eine universelle Reichweite. Aber wie kommt das zustande? Menschen sind endliche Geschöpfe, die Hilfe brauchen bei der Kommunikation und die ein Mittel brauchen, die große Welt fassen zu können und Gedankengänge auszuprobieren, die vielleicht niemals geschehen werden. Aber wie das Gesagte etwas bedeuten kann, lässt der Autor wieder offen.

Die folgende Problematik der Willensfreiheit lässt sich auch nur schwer zusammenfassen, da es verschiedenste Denkansätze gibt. Eine Theorie ist, dass bestimmte Handlungen unausweichlich sind, unabhängig, was wir tun. Eine Unterrichtung dieser Theorie ist der Determinismus. Dieser besagt, dass die Gesetze des Universums kompliziert und unbekannt sind und dass Vorhersagen unmöglich seien dadurch. Durch Naturgesetze werden bestimmte Handlungen einfach geschehen, z.B. dass morgens die Sonne aufgeht. Somit werden allgemeine Entscheidungen so definiert, dass sie Vorgänge sind, bei denen ein vorherbestimmtes Ereignis bewusst gemacht wird. Obwohl wir uns frei fühlen, haben wir immer nur eine Wahl. Daraus folgt, dass die Verantwortlichkeit für Taten gemindert ist. Wenn ich sage, ich musste meinen Nachbarn bestehlen, weil das vorherbestimmt ist, dann hab ich nur getan, was sowieso geschehen würde und ich wäre nicht eigenverantwortlich. Eine andere Theorie besagt, dass Handlungen nicht unbedingt vorher determiniert sein müssen. Sicher liegen ihnen einige Grundlagen und Umstände zur Verfügung, die die Tat beeinflussen, doch ohne sie wären meine Handlungen nicht die meinigen. Doch wenn auch hier Umstände das Handeln bestimmen, ist meine Verantwortlichkeit wieder gering. Somit stellt sich die Frage nach dem Sinn der Verantwortlichkeit, wenn nichts in mir persönlich meine Entscheidungen bestimmen.

Diese Art der vorgestellten Argumentationen befinde ich für zu simpel, als dass sie die Verantwortlichkeit einer jeden Person reduzieren zu versuchen mag. Sicher werden Entscheidungen einer Person und die daraus resultierenden Handlungen beeinflusst von

Faktoren, aber dadurch gänzlich die Verantwortlichkeit der handelnden Person zu streichen, ist fahrlässig. Niemand kann sich vor externen und internen Beeinflussungen schützen, doch um kein Weltchaos ohne staatliche Justiz zu beschwören, muss jeder Verantwortung tragen und überprüfen, ob andere dies auch tun.

Überlegungen, ob eine Tat unrecht oder recht ist, hat Auswirkungen auf andere. Mit dieser Problematik setzt sich das nächste Kapitel auseinander. Doch wenn es mir egal wäre, wenn ich unrecht handle, wie sich das auf andere Personen auswirkt, so kann folgendermaßen argumentiert werden. Ein Handelnder soll, ob unrechte oder rechte Tat, darauf Rücksicht nehmen, wie es anderen Personen dabei ergeht. Unabhängig davon, ob Gott am Ende eines jeden Lebens straft oder nicht, eine Moral ohne einen Gott wäre illusionär. Auch nicht-religiöse Menschen können zwischen Recht und Unrecht unterscheiden und nicht nur, weil Gott existiert und er sagt, dass eine Tat unrecht ist, ist eine Tat unrecht. Wenn ich andere Menschen mit Rücksicht behandle, dann behandeln sie mich auch so. Leider kann ein direktes Interesse an anderen Menschen nicht überwiegend vorausgesetzt werden, um als Grund zu genügen, warum ich bei einer Handlung auf andere Menschen Rücksicht nehmen sollte. Doch ein starkes Argument zum Schluss: Würde es dir gefallen, wenn jemand so etwas Schlimmes dir antun würde? So werden Empathie und Reflektion über Gefühle und Konsequenzen hervorgerufen, die ein rücksichtsvolles Verhalten untereinander rechtfertigen. Das kann man als eine grundlegende Ansicht der Ethik verstehen. Eine andere wäre, dass Recht und Unrecht nicht nur von einer einzelnen Person kategorisiert werden, sondern viele Menschen ähnlich darüber denken. Dennoch versteht sich Ethik nicht als eine Regelung, die in allen Situationen angewendet werden kann, sondern als eine Vielzahl an Meinungen auf eine ethische Problematik. Doch sind Recht und Unrecht keine allgemein gültige Regelung. Jeder Mensch hat verschiedenste Gründe für eine Tat, verschiedene Gesellschaften und Epochen definierten diese Begriffe auch schon unterschiedlich. Eins bleibt aber bei aller Ungewissheit und Multiperspektivität klar: ethische Überlegungen appellieren immer an unparteiische Motivation und müssen sich gegen egoistische, machtvolle Motive für eine Handlung behaupten.

Diese Vielzahl an Motiven zieht sich in gewisser Weise auch in der nächsten Problematik durch. Die Welt ist voller Ungleichheiten. Ob nun gewollte, bspw. Rassendiskriminierung, oder ungewollte Ungleichheit, bspw. Talent haben, zeigen, dass keine absolute Chancengleichheit in der Welt, nicht mal in einem Land, möglich ist. Es ist unfair, wenn

Menschen einen Nachteil erfahren aus Dingen, wofür keiner etwas kann. Noch unnötiger scheint es, dass Menschen ihr Leben mit unverdienten Nachteilen beginnen, die Ergebnisse von Handlungen sind, die kaum einer beabsichtigt hat oder für die kaum einer verantwortlich gemacht werden kann. Wenn eine Gesellschaft ungleiche Ausgangspositionen ändern will, gibt es die Möglichkeit der Besteuerung, doch wenn ein Kind eine besondere Begabung hat, die durch die Wirtschaft besonders gefragt ist, dann gibt es kaum eine Gegenmaßnahme, um diese Ungleichverteilung zu revidieren.

Dieses Kapitel wird sehr allgemein abgehandelt, vielleicht auch, weil kaum Interventionsmöglichkeiten vorliegen, eine weltweite Ungleichheit zu vermeiden. Es wird nur kurz über politische Systeme gesprochen, dafür wird aufgezeigt, was passiert, wenn entsprechende Gleichheitsziele angestrebt werden. Es scheint, als wäre diese Problematik zwar philosophisch, aber kaum lösbar.

Ebenso wenig ist das folgende Thema vollständig erklärbar. Der Tod als Nicht- Existenz eines Menschen kann religiös betrachtet werden, muss aber nicht. Das Ableben kann als das schlimmste aller Übel angesehen werden oder aber auch als Erlösung. Thomas Nagel zeigt, dass Sterben bedeutet, dass alle guten Dinge im Leben zu einem Ende kommen, darum als ein negatives Übel verstanden werden kann, doch auch der Tod ist keine Einzelhaft, darum werden wir die guten Dinge nicht vermissen. Und da es uns vor unserer Geburt schon nicht gab und die Welt ihren Ablauf hatte, wieso ist es beängstigend, dass es nach unserem Tod auch so ist? Wieso müssen wir etwas bedeuten?

Vom Tod zur Sinnfrage des Lebens ist es kein weiter Weg, so schließt das Buch mit diesem zuletzt genannten Thema. Es wird davon ausgegangen, dass der Sinn nicht in der Unsterblichkeit liegt, sondern im jetzigen Leben, wo unsere Errungenschaften nicht von Ewigkeit sind. Wenn Gott in das Leben hinein gedacht wird, ist die Schwierigkeit, dass wir leben, um Gottes Plan zu erfüllen, doch damit werden andere Gründe und Zwecke des Menschen ausgeschlagen. Das muss nichts Schlechtes bedeuten, doch muss jeder Mensch seine eigene Denkweise entwickeln. Thomas Nagel schließt die Problematik und das Buch mit der Idee, dass der Tod etwas Ernstes ist und wir dadurch auch ernst sind. Vielleicht aber nehmen wir das Leben zu ernst, obwohl es auch sinnlos sein könnte. Wir können es nicht beweisen. Somit wäre das Leben nicht nur sinnlos, sondern durch unsere übersteigerte Ernsthaftigkeit auch absurd.

Das Buch hat sich gut gelesen, ist verständlich geschrieben und der Autor macht seine Ziele transparent. Doch viele Kapitel enden mit einer Frage zu der Problematik. So wurden nur die Gedankengänge angeregt, nicht aber eine Lösung aufgezeigt. Zum allgemeinen Verständnis der Philosophie wurden einige Strömungen genannt und ihre Ideen präsentiert, doch um sich mit einer dieser Richtungen identifizieren zu können, war es zu kurz geschildert. Der Autor hat mit seiner Weise, die Problemfelder zu erklären, viel Klarheit und Erkenntnisse mitgeliefert, doch ein wenig mehr Fragenbeantwortung als Fragestellung hätte ich mir gewünscht. Dennoch ein sehr gelungenes Buch, welches für die Einführung in philosophische Gedankengänge durchaus geeignet ist.

Quellen:

Nagel, Thomas. Was bedeutet das alles? Eine ganz kurze Einführung in die Philosophie. New York. 1987.

New York University: Department of Philosophy:
http://philosophy.as.nyu.edu/object/thomasnagel (17.01.2011)